ÉMILE DE GIRARDIN

LA GUERRE

Il n'y a jamais eu chez les peuples libres
de gouvernement assez fort pour réprimer
longtemps la liberté à l'intérieur sans donner la gloire au dehors.

L.-N. BONAPARTE, t. II. p. 100.

TROISIÈME ÉDITION

PRIX: 1 FRANC

PARIS

MICHEL LÉVY FRÈRES, ÉDITEURS

2 bis, RUE VIVIENNE

M DCCC LIX

LA GUERRE

PARIS. — IMPRIMERIE SERRIERE ET C°, 123, RUE MONTMARTRE

LA GUERRE

PAR

ÉMILE DE GIRARDIN

> Il n'y a jamais eu chez les peuples libres
> de gouvernement assez fort pour réprimer
> longtemps la liberté à l'intérieur sans don-
> ner la gloire au dehors.
>
> L.-N. BONAPARTE, t. II. p. 100.

PARIS

MICHEL LÉVY FRÈRES, ÉDITEURS

2 *bis*, RUE VIVIENNE.

M DCCC LIX

LA GUERRE.

I.

— Pourquoi la Guerre?

Les uns disent :

— « Parce qu'il est nécessaire de prévenir les révolutions par des satisfactions légitimes données aux besoins des peuples, et par la protection et la garantie des principes reconnus et des droits authentiques de leur nationalité ; parce que le Piémont ne peut rester sans de grands périls au point où il en est ; qu'il ne peut pas avoir pris vainement la tête d'un mouvement italien pour reculer ensuite ; qu'il faut absolument qu'il trouve le moyen de donner satisfaction aux espérances qu'il a excitées, sous peine de perdre toute influence en Italie et d'être dépassé lui-même par des passions que sa popularité actuelle contient ; que le *statu quo* ne saurait se prolonger en Piémont sans aboutir fatalement comme résultat politique à la guerre et comme résultat religieux au schisme ; parce que le pouvoir politique de la papauté est mis en péril par le régime administratif des États-Romains ; que le caractère absolument clérical du gouvernement est un contre-sens et une cause active de mécontentement, et par conséquent un élément de faiblesse pour le pape lui-même et un danger permanent de révolution ; parce que le *statu quo*, si difficile à maintenir à Rome et à Turin, ne peut durer à Milan, à Naples, à Florence, à Parme et à Lucques ; parce que l'Autriche, ne pouvant faire des réformes dans les provinces italiennes, ne peut en laisser faire dans les autres parties de l'Italie ; que demander à l'Autriche d'appliquer à la Lombardie un régime plus doux et plus libéral, ce serait lui proposer un suicide, attendu que sa domination ne peut se maintenir dans la Haute-Italie que par la force, et que toute liberté qu'elle donnerait à ce pays conquis serait une arme dont il se servirait pour s'affranchir ; parce qu'enfin ce serait la meilleure manière d'assurer la paix et d'effacer entre l'Europe et l'Autriche tout sujet de dissentiment (1). »

(1) Citations textuelles de l'écrit intitulé : L'EMPEREUR NAPOLÉON III ET L'ITALIE.

II.

D'autres disent :

Parce que toute dynastie nouvelle qui veut se perpétuer doit apporter avec elle sa dotation à ses descendants ; parce que l'héritier de l'Empereur Napoléon Ier, ayant rétabli l'Empire, « ne saurait avoir
passé sur cette terre sans y avoir laissé de traces qui
recommandent sa mémoire à la postérité (1), » et sans
avoir au moins tenté un héroïque effort pour déchirer
les traités de 1815, réparer les désastres de Waterloo,
et rendre à la France ses frontières naturelles ; parce
qu'enfin, il faut opter entre l'une ou l'autre de ces
impérieuses alternatives : ou la Gloire avec l'agrandissement territorial, ou la Liberté avec l'agrandissement moral.

Ils ajoutent :

Louis XVIII est mort... Qu'a-t-il laissé à la France ?
Il a laissé la Charte de 1814, déchirée en 1830 ; le souvenir de l'occupation étrangère ; un héritier, son frère, le comte d'Artois. Quelle place le roi Louis XVIII
occupera-t-il dans l'histoire ?
Charles X est mort... Qu'a-t-il laissé à la France ?

(1) NAPOLÉON Ier à *M. Cretet, ministre de l'intérieur*. Fontainebleau, 14 novembre 1807.

Il a laissé les ordonnances de 1830 anéanties au bout de trois jours ; le souvenir de Navarin ; la conquête de l'Algérie, conquête qui nous a coûté, depuis vingt-huit ans, plus de deux milliards et plus de deux cent mille hommes, lesquels eussent pu recevoir un emploi incomparablement plus utile ; un héritier, son petit-fils, le duc de Bordeaux, exilé de France. Quelle place le roi Charles X occupera-t-il dans l'histoire ?

Louis-Philippe est mort... Qu'a-t-il laissé à la France ? Il a laissé la Charte de 1830, déchirée en 1848 ; le souvenir du siége d'Anvers, de la prise d'Ancône, du bombardement de Saint-Jean-d'Ulloa, de la capitulation de Tanger, de la reddition d'Abd-el-Kader ; la possession de Tahiti ; les fortifications de Paris, la restauration du château de Versailles ; le percement de la rue Rambuteau ; l'achèvement du palais d'Orsay, de l'église de la Madeleine, de l'arc de triomphe de l'Étoile ; les lois sur l'instruction primaire, sur les chemins vicinaux et sur l'expropriation forcée pour cause d'utilité publique ; toutes les grandes lignes de chemins de fer commencées, plusieurs terminées ; un héritier, son petit-fils, le comte de Paris exilé de France. Quelle place le roi Louis-Philippe occupera-t-il dans l'histoire ?

Le général Cavaignac est mort... Qu'a-t-il laissé à la France ? Il a laissé la Constitution de 1848 remplacée par la Constitution de 1852 ; le souvenir des transportations de juin, d'écrivains arrêtés sans justice et de journaux supprimés sans jugement ; un successeur, le prince Louis-Napoléon. Quelle place le général Cavaignac occupera-t-il dans l'histoire ?

L'empereur Napoléon III n'est pas mort... Mais s'il avait été tué le 14 janvier 1858, s'il mourait aujourd'hui... Que laisserait-il à la France ? Il laisserait la Constitution de 1852 ; le souvenir du siége de Rome et de la prise de Sébastopol ; la neutralisation de la mer Noire ; l'achèvement du Louvre ; la continuation de la rue de Rivoli ; le percement de boulevards nouveaux ; la construction des Halles-Centrales ; la transformation du bois de Boulogne et du bois de Vincennes ; la terminaison des grandes lignes de chemins de fer votées et commencées sous Louis-Philippe ; l'affermissement de l'ordre, mais au prix d'un sacrifice de liberté plus grand que de 1830 à 1848 ; un héritier, son fils, âgé de trois ans. Quelle place l'empereur Napoléon III occuperait-il dans l'histoire ?

Une telle place ne peut, ne doit, ne saurait suffire au continuateur qui aspire à fonder une quatrième race.

Clovis a dépassé Mérovée, qui donna son nom à la première race.

Charlemagne, qui donna son nom à la deuxième race, a dépassé Pépin.

Philippe-Auguste a dépassé Hugues-Capet, le fondateur de la troisième race.

Plus que noblesse encore, postérité oblige.

IV.

Est-il vrai de dire que la guerre soit le moyen de sortir de l'impasse où l'on constate que l'Europe, selon les uns, est enfermée par l'Autriche, et que la France, selon les autres, est acculée par l'Empire?

C'est ce qu'il s'agit d'examiner sincèrement et sérieusement, sans pusillanimité comme sans témérité, sans servilité comme sans hostilité.

V.

Avant tout, commençons par écarter le risque d'une révolution isolée en Italie. L'auteur de l'écrit auquel s'adresse cette partie de notre réponse, démontre surabondamment que ce risque n'existe pas, attendu que « la nature a fait beaucoup pour protéger la domination autrichienne en Italie et que tout ce qu'a fait la nature a été encore fortifié et augmenté par la main des hommes ; l'Italie ne pourrait s'affranchir du joug autrichien que si elle avait les moyens de mettre en ligne 200,000 hommes bien disciplinés, dont 20,000 de cavalerie, 500 pièces d'artillerie de campagne, 200 pièces d'artillerie de siége, ce qui exigerait 50,000 chevaux de trait, puissance militaire qui, pour se produire, exigerait au moins dix années d'un gouvernement fort et énergique (1). » La démonstration est

(1) L'EMPEREUR NAPOLÉON III ET L'ITALIE , page 43.

complète et se termine par ces lignes : « De ces faits, il résulte pour tout homme de guerre, cette vérité incontestable que la nationalité italienne ne sera jamais le résultat d'une révolution, et qu'elle ne pourrait réussir sans un secours étranger. »

Le risque d'une révolution victorieuse étant aussi pleinement écarté, la question perd conséquemment la plus grande partie de son importance ; elle cesse d'être européenne pour devenir ou pour rester exclusivement italienne

Ainsi réduite à ses justes proportions, la question, décorée de ce nom : l'*Idée italienne* (1), pour être moins étendue, n'en devient pas plus facile à embrasser et à résoudre.

(1) L'EMPEREUR NAPOLÉON III ET L'ITALIE, page 30.

VI.

Que propose-t-on ?

On ne propose pas de faire de l'Italie un seul royaume, car on se hâte de proclamer « que l'histoire, la nature elle-même s'élèvent contre cette solution, que l'unité italienne ne pourrait se constituer qu'après bien des efforts par la grandeur militaire ou par la tyrannie révolutionnaire (1). » On ne propose pas d'aller ramasser sur le champ de bataille de Waterloo la couronne de fer tombée du front de Napoléon Ier, car on reconnaît « qu'elle serait aussi lourde à porter que difficile à conquérir. » On ne propose pas de « fomenter une guerre de succession. » On ne propose pas « d'en appeler à la force. » Non. Alors, que propose-t-on ?— On propose « de pacifier l'Italie. » On propose « d'en appeler à l'opinion. » On propose que « la diplomatie fasse la veille d'une lutte ce qu'elle ferait le lendemain d'une victoire. » On propose enfin « d'établir une *Confédération* dont Rome serait le centre , dont le Pape serait le président, et dont la Sardaigne serait l'âme politique et l'armée fédérale. »

Et l'on s'écrie :

« Les Italiens confédérés, c'est l'Italie pacifiée, c'est la papauté consolidée et élevée à toute la grandeur de

(1) L'EMPEREUR NAPOLÉON III ET L'ITALIE, page 45.

sa mission ; c'est l'Europe affranchie d'un péril réel qui peut la troubler profondément (1) ! »

Plongeons au fond des choses en brisant la glace brillante des phrases qui le recouvre.

Pacifier l'Italie ! Que veulent dire ces mots ? Est-ce que l'Italie est en guerre ? Est-ce que nous ne serions pas en 1859 ? Est-ce que nous serions encore en 1849, à la veille ou au lendemain de la bataille de Novare ? Oh ! si l'on pouvait rayer de l'histoire ces dix dernières années, la solution qu'on cherche serait toute trouvée ; mais il est sans exemple que le temps ait jamais lâché sa proie. Il ne restitue pas ce qu'il prend.

En appeler à l'opinion ! Qu'appelle-t-on l'opinion ? Comment la reconnaître ? Comment la consulter ? Comment la constater ? Et s'il arrivait qu'elle fût sourde, muette ou rebelle, que ferait-on ?

« *Faire diplomatiquement la veille d'une lutte ce qu'on ferait le lendemain d'une victoire !* » Par quels moyens ? Ce qu'on n'a pu obtenir, en 1853, pour la Turquie, malgré l'ineffaçable précédent du traité conclu le 15 juillet 1840, en dehors de la France, entre l'Angleterre, l'Autriche, la Prusse et la Russie, comment l'obtiendrait-on, en 1859, pour l'Italie, en faveur de laquelle la France ne saurait invoquer le même précédent ? L'Angleterre, la France, la Prusse et la Russie parvinssent-elles à se mettre d'accord sur les avantages d'une Confédération italienne présidée par le pape, sur quoi ces quatre grandes puissances se fonderaient-elles pour

<hr>

(1) L'EMPEREUR NAPOLÉON III ET L'ITALIE, p. 61.

contraindre l'Autriche à évacuer la Lombardie et la Vénétie ? Est-il admissible qu'elle s'y soumît sans bataille ou sans compensation ? Si l'Autriche considérait une défaite comme moins humiliante qu'une soumission, que deviendrait, dans ce cas, « l'*appel à l'opinion ?* » Il ne serait plus qu'un « *appel à la force*, extrémité que l'on conjure la Providence d'éloigner de nous !» Si l'Autriche demandait une compensation, laquelle lui donnerait-on, laquelle pourrait-on lui donner ? L'échange des principautés Moldo-Valaques est une ressource qu'on a aliénée, mais l'eût-on conservée, à quel titre affranchirait-on les Italiens du joug autrichien pour y placer les Roumains? Une iniquité ne se répare point par une autre iniquité. Une nationalité recouvrée au prix d'une autre nationalité, ce ne serait pas le triomphe de l'Indépendance, ce serait le triomphe de l'Inconséquence! S'il était possible que l'Angleterre, la France, la Prusse et la Russie se missent d'accord pour entrer dans cette politique de réparation et d'expiation, la Prusse et la Russie n'auraient-elles pas à craindre qu'après avoir contribué à fonder ce précédent, l'Angleterre et la France ne leur demandassent plus tard, par voie de conséquence, de restituer à la Pologne sa nationalité ? Les titres et les droits de la Pologne, si souvent proclamés (1), ne sont-ils pas égaux aux droits et aux ti-

---

(1)   CHAMBRE DES DÉPUTÉS.—*20 janvier 1857.*

« Cette paix, sire, ne sera jamais plus fortement garantie que lorsqu'elle sera fondée sur le respect des droits consacrés par les traités, et, parmi ces droits, la France ne cessera de mettre au premier rang ceux de l'antique nationalité polonaise. »

CHAMBRE DES DÉPUTÉS. — *15 janvier 1838.*

« Nous donnons l'exemple, sire, de l'exécution des traités ; à notre tour, nous avons le droit de rappeler sans cesse à l'Eutres de l'Italie? Que répondrait la France à l'Angleterre si celle-ci, toujours au nom des nationalités vaincues, lui disait de renoncer à sa domination en Algérie? Que répliquerait l'Angleterre à la France, si celle-ci à son tour et par les mêmes motifs la requérait d'abdiquer l'empire des Indes?

Qu'on ne se laisse point abuser par la grandeur exagérée du mot : Nationalité! Ramené à son sens vrai, il n'est qu'une des acceptions du mot : Force. En effet, toute nationalité procède de la force, et l'on ne pourrait citer une seule nationalité ayant fini par être opprimée qui n'ait commencé par être oppressive.

rope les garanties qu'elle a solennellement données à l'antique nationalité polonaise, nationalité qui aura toujours pour elle le bon droit et nos vives sympathies. »

CHAMBRE DES DÉPUTÉS. — *20 janvier 1839*

« La Chambre, vivement émue des malheurs de la Pologne, renouvelle ses vœux constants pour un peuple dont l'antique nationalité est placée sous la protection des traités. »

CHAMBRE DES DÉPUTÉS. — *16 janvier 1840.*

« Dans toutes les questions qui partagent le monde, la France n'invoque que la justice; elle ne réclame que le respect de tous les droits. Comment cesserait-elle de rappeler à l'Europe ceux de l'antique nationalité polonaise, et les garanties méconnues que les traités donnaient à un peuple généreux, dont le temps semble encore aggraver les malheurs? »

CHAMBRE DES DÉPUTÉS. — *30 janvier 1842.*

« La France rappelle de nouveau à l'Europe les droits de la nationalité polonaise, si hautement stipulés par les traités. »

CHAMBRE DES DÉPUTÉS. — *4 février 1843.*

« Fidèle à la cause d'un peuple placé sous la garantie des traités, la France rappelle à l'Europe les droits de la nation polonaise. »

CHAMBRE DES DÉPUTÉS. — *29 janvier 1844.*

« La paix en Europe s'affermit par sa durée même; elle a pour fondement l'intérêt de la civilisation et le respect des

Qu'on y prenne garde! La politique des nationalités où l'on paraît vouloir nous engager est un défilé étroit d'où l'on ne sort de l'ornière que pour tomber dans le gouffre. Si cette politique prévalait, si elle pouvait prévaloir, ce serait la condamnation, quoiqu'on essaie de balbutier le contraire, du règne de Napoléon Ier par le règne de Napoléon III. Ce serait surtout l'isolement de la France!

Déjà l'Angleterre a répondu, non à la parole, mais à la pensée de cette politique. Comment l'Angleterre y a-t-elle répondu? Elle y a répondu en ces termes catégoriques, ne laissant aucun espoir que la diploma-

traités, de ces traités dont nous continuons à revendiquer la protection pour une nation malheureuse que l'espérance n'abandonne pas, parce qu'elle a foi en la justice de sa cause. »

CHAMBRE DES DÉPUTÉS. — *29 janvier 1845.*

« Ces bonnes relations (entre la France et les puissances étrangères), reposent sur la fidèle observation des traités. La France n'oublie pas qu'ils doivent être l'espérance et l'appui d'une nation généreuse dont ils ont consacré les droits. »

CHAMBRE DES DÉPUTÉS. — *7 février 1846.*

« Fidèle aux engagements qu'elle contracte, la France est en droit d'invoquer le respect des traités. Elle rappelle à l'Europe les solennelles garanties stipulées en faveur de la Pologne. »

CHAMBRE DES DÉPUTÉS. — *12 février 1847.*

« La République de Cracovie, Etat indépendant et neutre, a été incorporée à l'empire d'Autriche. La France veut sincèrement le respect de l'indépendance des Etats et le maintien des engagements dont aucune puissance ne peut s'affranchir sans en affranchir également les autres. En protestant contre cette violation des traités, nouvelle atteinte à l'antique nationalité polonaise, Votre Majesté a rempli un impérieux devoir et répond à la juste émotion de la conscience publique. »

CHAMBRE DES DÉPUTÉS. — 14 FÉVRIER 1848.

« Fidèle à la cause d'un peuple généreux, la France rappelle à l'Europe les droits de la nationalité polonaise, si hautement stipulés par les traités, »

tie fasse, la veille d'une lutte, ce qu'elle ferait le lendemain d'une victoire : « Je reçois de toutes les puis-
» sances étrangères des assurances de leurs senti-
» ments amicaux. Cultiver et consolider ces senti-
» ments, *maintenir intacte la foi des traités publics*, et
» contribuer, autant que mon influence peut s'éten-
» dre, au maintien de la paix générale, tels sont les
» objets de ma constante sollicitude... L'introduction
» universelle de la vapeur dans la guerre maritime
» rendra nécessaire une augmentation temporaire des
» dépenses dans le but de pourvoir à la reconstruc-
» tion de la flotte britannique ; mais je suis persua-
» dée que vous voterez avec empressement toutes les
» sommes que vous trouverez nécessaires pour un
» objet d'une importance aussi vitale que le maintien
» de la puissance maritime de ce pays. »

Assurément, l'on ne prétendra pas que la politique qui s'énonce ainsi soit celle des nationalités, et lorsque l'Angleterre tient, par la bouche de sa reine, un tel langage, est-il admissible que la Prusse se détachera de la politique des traités, à laquelle elle est redevable de la possession des provinces rhénanes, pour s'attacher à la politique des nationalités et s'exposer au risque de perdre Aix-la-Chapelle, Cologne et Coblentz, sans courir la chance de rien gagner ? Est-il supposable que la Russie, tenant sous ses pieds la Pologne mutilée, tendra les bras à la France pour délivrer l'Italie partagée ?

De telles questions ne se débattent pas. Ce serait superflu. Il suffit de les poser.

Il ne faut donc pas compter sur la diplomatie avant

la victoire ; il ne faut donc pas compter que l'Europe s'unira énergiquement à la France pour contraindre l'Autriche à retirer ses canons et ses soldats de places fortes telles que « Pavie, Plaisance, Ferrare, Brescia, Bresera, Pizzighitone, Peschiera, Mantoue, Milan, Laveno, la Rocca d'Anso, Peguago, Venise, Osopo, Palma-Nuova et Vérone dont les anciennes fortifications et le camp retranché peuvent contenir 50,000 hommes (1). »

Après la déclaration de la reine d'Angleterre, après le discours de lord Derby, qui écartent par la foi des traités le culte des nationalités, la France, précédée ou suivie par le Piémont, persistera-t-elle dans une politique où l'ennemi le moins redoutable serait l'ennemi déclaré, celui qu'on aurait en face du canon ; où le danger le plus à craindre serait celui qu'on laisserait derrière soi, à l'état de neutralité défiante, demeurant toujours prête à se transformer en coalition armée ?

Si invraisemblable que soit cette hypothèse, il nous convient de l'admettre, afin de vérifier comment on s'y prendrait : premièrement, pour empêcher l'élément révolutionnaire de se mêler à l'élément national, ces deux éléments qu'on prétend être si distincts dans la question d'Italie (2) ; deuxièmement, pour établir la Confédération présidée par le pape.

S'il est vrai que Garibaldi, l'intrépide défenseur de Rome en 1849, s'occupe déjà de lever une légion, que

(1) L'EMPEREUR NAPOLÉON III ET L'ITALIE, p. 44.

(2) L'EMPEREUR NAPOLÉON III ET L'ITALIE, p. 3.

représentera–t-il à nos yeux, il serait plus juste de dire aux vôtres? Représentera-t-il l'élement national, ou représentera-t-il l'élément révolutionnaire? Continuerons-nous de le combattre, ou défendrons-nous avec lui la même cause? Si l'insaisissable Mazzini, l'ancien triumvir de la République romaine, devance ou suit nos armées en Italie, verrons-nous en lui un allié ou un ennemi? Si nous le traitons en ennemi, que pensera l'Italie? Si nous le traitons en allié, que pensera l'Europe?

Mais ne nous arrêtons pas plus longtemps à ce détail préliminaire; marchons au pas accéléré de la victoire; supposons qu'il ait suffi au drapeau français de se montrer à Venise et à Milan pour mettre en fuite le drapeau autrichien, et qu'il n'y ait plus qu'à nouer les liens de la Confédération italienne présidée par le pape. Que sera cette Confédération? Sera-ce une confédération républicaine comme la Confédération helvétique, ou sera-ce une confédération monarchique comme la Confédération germanique? Etant admis « qu'au point de vue politique, le caractère absolument clérical du gouvernement des Etats-Romains est un contre-sens, une cause active de mécontentement (1), » en quelles mains passeront le gouvernement et l'administration des Etats-Romains? On ne le dit pas. En quelles mains passeront le gouvernement et l'administration de la Vénétie? On ne le dit pas. La Lombardie et la Vénétie formeront-elles deux États séparés ou un seul État indépendant? On ne

____

(1) L'EMPEREUR NAPOLÉON III ET L'ITALIE, p. 28.

le dit pas. La Vénétie ainsi que la Lombardie seront-elles annexées au Piémont? On n'en dit rien. Chacun des trente-un Etats dont se compose l'Union américaine a un gouvernement et une administration qui lui sont propres. Il en est ainsi de chacun des trente-huit Etats dont se compose la Confédération germanique, et de chacun des vingt-deux cantons dont se compose la Confédération helvétique. Si le pape, ce qui est peu vraisemblable d'après le passé, accepte la présidence de la Confédération italienne, en quoi cette présidence consistera-t-elle? Sera-t-elle purement honorifique ou sera-t-elle effectivement politique? Si cette présidence est purement nominale, comment s'y prendra-t-on pour la lui faire accepter, en échange de sa souveraineté temporelle? Quelle raison avons-nous d'espérer que nous serons plus heureux dans cette tentative que nous ne l'avons été depuis dix ans dans nos demandes réitérées à l'effet d'obtenir les garanties qui d'abord firent l'objet de la lettre du 18 août 1849, demeurée célèbre, et qui, plus tard, servirent de bases au projet de traité envoyé de Paris à Vienne en juin 1857? Ces garanties qu'on prend soin de rappeler étaient les suivantes :

« Sécularisation du pouvoir administratif par la formation d'un Conseil d'État, composé de laïques, et chargé d'examiner et de discuter les lois ;

» Représentation de tous les intérêts du pays dans une Consulte élue directement par les conseils provinciaux, ou tout ou moins choisie par le pape sur une liste de candidats présentée par ces conseils et appelée à délibérer sur toutes les lois et à voter le budget ;

» Contrôle efficace des dépenses locales par des conseils provinciaux, recevant la délégation des conseils municipaux ;

» Réforme judiciaire par la promulgation d'un code de lois civiles calqué sur le Code Napoléon, ou le Code lombardo-vénitien, ou celui de Naples ;

» Perception régulière des revenus publics, par l'organisation du recouvrement de l'impôt telle qu'elle existe en France ;

» Enfin, réconciliation de toutes les classes et de toutes les opinions par l'emploi éclairé et paternel de la clémence envers tous ceux qui voudraient faire une soumission respectueuse au souverain pontife. »

Ces garanties étaient-elles donc excessives ? Serons-nous plus forts après avoir campé à Milan et à Venise que nous ne le sommes depuis dix ans que nous campons à Rome ? En quoi et comment ? Si le pape refuse d'accepter la présidence nominale de la Confédération italienne, que ferons-nous, à qui la donnera-t-on, que deviendra le pape, où se retirera-t-il ? S'est-on posé cette question ? On ne le dit pas. Si cette présidence n'est pas seulement nominale, comment opérera-t-on, dans les mêmes mains, cette séparation entre le temporel et le spirituel (1), si dif-

____

(1) « Je cherche en vain à placer les limites entre les autorités *civile* et *religieuse ; l'existence de ces limites n'est qu'une chimère.* J'ai beau regarder, je ne vois que des nuages, des obscurités, des difficultés. Le gouvernement civil condamne à mort un criminel, le prêtre lui donne l'absolution et lui promet le paradis. »

Napoléon. 11 février 1804.

2

ficile à opérer , de l'aveu de Napoléon Ier ? Où commencera l'autorité temporelle ? Où finira l'autorité spirituelle ? On ne le dit pas. Où sera la garantie que la présidence de la Confédération par le Pape « sera autre chose que l'autorité catholique appliquée aux intérêts de l'ordre temporel ? » On ne le dit pas. Comment « conciliera-t-on sans les confondre » le pouvoir pontifical et le pouvoir présidentiel ? On ne le dit pas. En quelles circonstances le pape n'agira-t-il que comme pontife ? En quelles autres circonstances le pape n'agira-t-il que comme président ? On ne le dit pas. Par quels moyens parviendra-t-on à concilier l'infaillibilité papale avec la responsabilité politique ? On ne le dit pas. Sera-ce en recourant au régime parlementaire ? 1830 et 1848 nous ont prouvé ce que valaient à l'épreuve la fiction de l'inviolabilité royale couverte par la responsabilité ministérielle.

On le voit : l'établissement d'une Confédération présidée par le pape ne tranche ni ne dénoue le nœud des deux pouvoirs temporel et spirituel réunis en sa personne ; il laisse subsister la question tout entière ; il ne la simplifie pas ; il l'aggraverait plutôt ! Ce qu'on propose quant à la papauté serait donc moins une solution qu'une complication.

VII.

Un des arguments qu'on fait valoir contre la domination de l'Autriche en Italie, c'est que cette domination ne se borne pas seulement à la possession territoriale de la Lombardie et de la Vénétie, mais qu'elle s'étend encore jusqu'à la dépendance morale du royaume de Naples, du grand-duché de Toscane, du duché de Modène, des duchés de Parme et Plaisance. A l'appui de l'argument on cite : premièrement, l'article secret du traité signé en juillet 1815, stipulant que « S. M. le roi des Deux-Siciles n'ad- » mettra pas de changements qui ne pourraient se » concilier, soit avec les institutions monarchi- » ques, soit avec les principes adoptés par S. M. » I. et R. pour le régime intérieur de ses provinces » italiennes ; » deuxièmement, un traité d'alliance offensive et défensive conclu entre l'empereur d'Autriche et le grand-duc de Toscane ; troisièmement, le traité d'alliance signé le 24 décembre 1847 avec le duc de Modène, et concédant, article 11, à l'empereur d'Autriche « le droit de faire entrer les troupes impé- » riales sur le territoire de Modène, d'en faire gar- » nir les places fortes toutes les fois que le de- » manderaient l'intérêt de la commune défense et les » précautions militaires. » Soyons juste : cet argument n'en est pas un, car si l'Autriche a le droit de conclure des traités d'alliance offensive et défensive avec les rois de Naples, le grand-duc de Toscane et le duc de Modène, le même droit appartient à la France de conclure des traités d'alliance offensive et défensive avec le roi de Sardaigne et même avec la duchesse de Parme. Des deux côtés, le droit étant égal, la France ne peut s'en faire une arme contre le gouvernement autrichien sans s'exposer à ce que cette arme se retourne aussitôt contre elle. D'ailleurs, la preuve que ces traités n'ont pas la puissance qu'on leur attribue, c'est qu'on est obligé soi-même de convenir qu'en 1847 le roi de Naples s'en est pleinement affranchi, et qu'ils n'ont pas empêché, en 1848, le duc de Modène de quitter son duché, après avoir institué une régence chargée d'accorder « les réformes qui seraient jugées utiles, » et de donner au duché un statut représentatif sur » les bases de celui du Piémont. »

Quant aux Etats-Romains, les réformes spontanément entreprises, en 1847, par Pie IX, sont là pour prouver que la papauté, placée entre l'Autriche et la France, est entièrement libre de choisir la direction qui lui plaît. C'est le mouvement démontré par le mouvement. Ce n'est point l'Autriche qui, depuis 1849, lie les mains du pape; c'est la peur, c'est l'esprit de réaction. Est-ce que depuis la même époque, le même esprit n'a pas soufflé en France et en Allemagne? Dira-t-on que l'Autriche règne politiquement à Paris et à Berlin? Dira-t-on que c'est à son instigation qu'en 1849, foulant aux pieds le § v du préambule de la Constitution française (1), nous nous sommes hâtés d'aller bombarder Rome; de disperser, à la pointe des sabres d'un

______

(1) CONSTITUTION FRANÇAISE DE 1848 : « Elle respecte les nationalités étrangères comme elle entend faire respecter la sienne; n'entreprend aucune guerre dans des vues de conquête, et *n'emploie jamais ses forces contre la liberté d'aucun peuple.* »

régiment de dragons français, l'Assemblée nationale romaine ; de réinstaller le pouvoir pontifical; de rétablir la sainte inquisition, les tribunaux exceptionnels, le vicariat et la *sacra-consulta* ; d'instituer une commission d'enquête judiciaire sur les opinions politiques et religieuses de tous les citoyens ; d'établir un triumvirat de cardinaux ; de replacer les prêtres dans toutes les administrations ; de composer la commission suprême de trois cardinaux, le tribunal de la rote de prélats, le tribunal de la consulte de prélats ; de mettre au ministère des affaires étrangères un cardinal, au ministère de l'intérieur un prélat, à la préfecture de Rome et du district un prélat, à la tête du parquet un prélat ; de confier le gouvernement des cinq provinces à cinq prélats, dont un archevêque ; de supprimer le ministère de l'instruction publique pour le remplacer par une congrégation de cardinaux et de prélats, enfin, d'imposer silence à toutes les voix, à toutes les réclamations, à toutes les plaintes, à toutes les idées (1) ? Ce qui existe à Rome n'est-il pas notre œuvre ? Qu'avions-nous besoin d'intervenir ? Ne nous suffisait-il pas d'empêcher que l'Autriche, très occupée ailleurs, en mai 1849, intervînt ? La personne du pape n'était-elle pas en sûreté à Gaëte ? Ne pouvait-on pas patiemment attendre que Pie IX, las d'être éloigné de son palais du Vatican, et ouvrant enfin les yeux à l'évidence, se décidât à profiter de toutes les réformes

(1) « Par ordre du général en chef, à dater d'aujourd'hui, tous les journaux sont supprimés, à l'exception du journal officiel intitulé *Journal de Rome*. En conséquence, il est décrété :

« Article unique. Tout journal qui serait publié sera immé-
» diatement mis sous séquestre, et les rédacteurs seront punis
» avec toute la rigueur des lois.
» Donné au palais du gouvernement, le 14 juillet 1849.
» Le lieutenant-colonel du 32e de ligne, préfet
» de police,
» FRANÇOIS CHAPUIS. »

civiles et administratives qui eussent été accomplies en son absence ? Où était l'inconvénient de laisser à ces réformes le temps de se débattre, de s'appliquer, de se rectifier, de s'enraciner et de mûrir ? Où était l'avantage de se presser ? Où était la nécessité de déroger aux précédents de notre politique de non-intervention ? Si l'Autriche a abusé de sa force en Italie, y sommes-nous sans reproches ? N'était-il pas évident, n'était-il pas certain que le siége et l'occupation de Rome nous conduiraient inévitablement à l'impasse d'où nous ne savons plus comment sortir, et où rien, absolument rien, ne nous obligeait d'entrer ? Il était immanquable que « nous deviendrions responsables » de ce que nous allions protéger, et que notre occu- » pation elle-même, en se prolongeant dans de pareil- » les conditions, s'userait et compromettrait le nom et » l'influence de la France (1). » A cet égard, avouons-le, nous n'avons pas même l'excuse de pouvoir dire que nous avons été abusés par le pape réfugié à Gaëte, car la dépêche du 9 mai 1849, adressée à MM. d'Harcourt et de Rayneval, par M. Drouyn de Lhuys, constate ce qui suit : « L'on n'a pu obtenir du Saint-Père aucun manifeste, » aucune déclaration, aucune parole même verbale qui » rassurent cette portion nombreuse de la population » romaine dont la modération, tout en détestant le ré- » gime de l'anarchie, redoute presque également le re- » tour de celui qui a marqué d'un si triste caractère le » règne de Grégoire XVI ; de ce régime qui, à la mort de » ce pontife, avait rendu un changement de système » absolument inévitable, et qui, en provoquant une » réaction violente, a bien autrement contribué aux » malheurs de ces derniers temps que n'a pu le

(1) L'EMPEREUR NAPOLÉON III ET L'ITALIE, p. 27.

» faire la précipitation de quelques réformes ac-
» complies peut-être avec trop peu de réflexion. »
M. Drouyn de Lhuys ajoute : « Ce qui nous af-
» flige plus profondément encore que les *défian-*
» *ces* qu'on persiste à nous témoigner à Gaëte, et
» dont le temps aura bientôt fait justice, c'est la na-
» ture des influences qui prévalent évidemment dans
» les conseils du Saint-Siége. A mesure qu'on semble
» approcher du dénouement, on voit se dessiner avec
» plus de netteté de dangereuses propensions, qui,
» d'abord, se déguisaient sous des prétextes plus ou
» moins spécieux. Pour se refuser à toute déclaration
» préalable des intentions du saint-père, ses conseil-
» lers parlent de l'inconvénient de lui lier d'avance
» les mains. Cette objection pourrait avoir quelque
» valeur s'il s'agissait de poser en détail les bases
» d'un régime nouveau ; *mais lorsque nous demandons*
» *seulement qu'on indique la voie dans laquelle on se*
» *propose de marcher après le rétablissement de l'auto-*
» *rité du Saint-Siége, comment comprendre qu'on per-*
» *siste à se renfermer dans un silence absolu,* à moins
» qu'on ait la pensée secrète de revenir purement et
» simplement à tous les abus de l'ancien régime ?
» Le respect que nous avons pour le saint-siége ne
» nous permet pas d'admettre que les institutions
» qu'il avait données à son peuple aient été compléte-
» ment annulées par le fait des déplorables événe-
» ments dont Rome a été le théâtre depuis le mois
» de novembre dernier. La pensée que le régime
» antérieur à 1846 se relèverait à Rome n'est jamais
» entrée dans nos prévisions ni dans nos calculs. »

Or, c'est vingt jours après l'envoi de cette dépêche,

c'est le 29 mai 1849 que l'ordre de bombarder Rome est expédié de Paris ! Toute la question qu'on s'efforce, en 1859, de déplacer est dans le rapprochement des dates de ces deux dépêches : 1849—9 mai, 29 mai.

Toute faute s'expie. Nous expions en 1859 la faute que nous avons commise en 1849. Nous nous en prenons à l'Autriche, c'est à nous que nous devons nous en prendre, car s'il est un moyen de parvenir à réparer sa faute, ce n'est point en se la dissimulant avec complaisance, c'est en se l'avouant avec fermeté.

VIII.

On dit: « Le Piémont a beaucoup grandi en impor-
» tance et en gloire; il a conquis une place dans les
» affaires de l'Europe et un rôle dans les destinées
» de l'Italie. Il ne peut rester, sans de grands périls,
» au point où il en est; il ne peut pas avoir pris vai-
» nement la tête d'un mouvement italien pour reculer
» ensuite. Il faut absolument qu'il trouve le moyen
» de donner satisfaction aux espérances qu'il a exci-
» tées sous peine de perdre toute influence en Italie
» et d'être dépassé lui-même par des passions que
» sa popularité actuelle contient (1). »

Certes, ce ne sera pas nous qui tenterons d'amoin-
drir l'importance et la gloire acquises par le Piémont,
car cette importance et cette gloire, c'est à la Liberté
que la Sardaigne les doit. Autant que qui que ce soit,
nous reconnaissons, nous admirons l'héroïque loyauté
du roi Victor-Emmanuel, la patriotique habileté du
comte de Cavour. Nous allons plus loin : nous regret-
tons que le premier ministre de Sardaigne ne soit pas
le ministre d'un État plus vaste et mieux proportionné à
la taille de sa haute ambition ; mais ce regret, nous
l'avouons, ne va pas jusqu'à vouloir que, pour déga-
ger le Piémont en Italie, nous engagions la France en
Europe dans une guerre où nous aurions contre nous

______

(1) L'EMPEREUR NAPOLÉON III ET L'ITALIE, pag. 30.

la logique, le passé, les traités, nos propres victoires et jusqu'à notre désintéressement (1), auquel refuseraient de croire l'Allemagne, l'Angleterre, et peut-être même la Russie. N'oublions pas que de sa nature tout désintéressement est suspect, et que plus il est grand, moins il commande la confiance.

Cela dit, est-il vrai que le Piémont et son gouvernement se soient enfermés dans une alternative d'où ils ne sauraient plus sortir que par la guerre contre l'Autriche ou que par la retraite du comte de Cavour et l'abdication du roi Victor-Emmanuel? Tel n'est pas notre avis. Il ne faut s'exagérer rien, pas même le point d'honneur. Le vrai courage doit être assez sûr de lui pour ne rien donner à la témérité et pour affronter sans pâlir les fausses interprétations de la malveillance. Rien n'y échappe jamais : ni la prudence ni l'audace. La prudence est taxée de pusillanimité; l'audace est taxée de folie. Aussi, l'homme supérieur règle-t-il imperturbablement sa conduite sur sa raison. C'est là ce qui atteste sa supériorité; elle l'abandonne dès qu'il prend, pour se gouverner, une autre opinion que la sienne, dès qu'il obéit au lieu de commander. Oser rester soi-même est la principale condition de l'homme d'Etat. C'est le premier des courages, comme le dernier est de courir au-devant du péril, quand il est sage de le laisser venir. Le 13 juin 1849, quoique la scène se soit passée à Paris, est une date qui ne doit jamais discontinuer de briller aux yeux de l'Italie, comme le phare près de l'écueil.

(1) Nous respectons la situation de l'Autriche en Allemagne, qui n'a rien à craindre de nous sur le Rhin. »
(L'EMPEREUR NAPOLÉON III ET L'ITALIE, p. 63.)

En s'alliant avec l'Angleterre et la France, en leur fournissant un contingent pour aller vaincre à la bataille de l'Alma et au siége de Sébastopol, le Piémont a fait un coup de maître, car moyennant un sacrifice d'argent remboursable et remboursé en gloire, il s'est pleinement assuré contre tout risque d'agression de la part de l'Autriche ; il est entré et s'est assis dans les conseils de l'Europe ; il s'est rendu invulnérable ; il a passé, en fait, du rang d'État de troisième ordre au rang d'État de premier ordre. Un tel acte suffirait à l'immortalité d'un règne et à l'illustration d'un ministre. Que M. le comte de Cavour en soit fier ! Qu'il continue cette politique sans en dévier ! Qu'il la continue en se tenant toujours à égale distance et du découragement et de l'impatience ! Le louable but qu'il poursuit ne manquera pas à la persistance de ses louables efforts. Un second acte de cette haute politique, également marqué au coin de la même habileté, c'est le mariage de S. A. R. Madame la princesse Clotilde avec S. A. I. le prince Napoléon. Ce mariage vaut une armée. Il permet donc au comte de Cavour de réduire considérablement, sans hésiter, le chiffre et la dépense d'effectif de l'armée piémontaise, seul moyen d'échapper à la nécessité d'ajouter au poids déjà trop lourd de la dette, de l'impôt et du budget sardes, le poids d'un nouvel emprunt difficile à contracter. En prenant hautement, résolûment cette initiative imprévue, le comte de Cavour, loin d'ébranler sa situation ministérielle, la consolide ! Qu'il ne soit pas arrêté par la crainte de diviser sa majorité parlementaire ! Sans lui, que ferait-elle ? Où irait-elle ? S'il ne peut se passer d'elle, elle ne peut se passer de lui. Ils sont liés indissolublement l'un à l'autre. Qu'il ne soit pas arrêté non plus par la crainte d'être accusé d'avance d'avoir trahi la cause de l'indépendance italienne! Que pour unique réponse à ce reproche immérité, il continue de la servir avec la même fermeté, la même habileté, mais dans la mesure de ses forces, mesure qu'il ne saurait outrepasser sans se perdre et sans compromettre les intérêts dont il a pris la responsabilité! Que si, enfin, on l'y contraint, il en appelle des impatiences de 1859 aux défections de 1849, qui, à Custoza et à Novare, firent si cruellement et si bêtement le vide sur le champ de bataille autour du vaillant roi Charles-Albert et de ses fils.

Si le mariage du prince Napoléon a ce premier avantage direct qu'il vaut une armée au Piémont sans lui en imposer la dépense, il a ce second avantage indirect qu'il attache aux pieds de l'Autriche le pesant boulet d'un effectif ruineux qu'elle ne peut ni réduire ni employer, et qu'il lui faut traîner à la fois péniblement et oiseusement. Ce mariage place ainsi l'Autriche dans la dépendance de la France, car il oblige le gouvernement autrichien à venir, immanquablement, un peu plus tôt, un peu plus tard, au devant du gouvernement français, sous peine de crouler sous le poids de ses charges et sous l'impopularité de ses emprunts. Sachons attendre. Ayons la foi et la patience de Massimo d'Azeglio (1). L'heure de la délivrance n'a pas

---

(1) « L'occasion de reconquérir l'indépendance est peut-être éloignée. Nous l'attendrons avec une activité pleine de calme, nous appliquant, non pas à troubler inconsidérément le repos d'autrui, mais à réformer nos institutions dans ce lambeau d'Italie qu'on nous a laissé, à nous réformer nous-mêmes, à nous rendre dignes d'un regard de la Providence, et capables de mettre à profit l'occasion quand elle voudra nous l'envoyer. S'il plaisait à Dieu de ne pas l'accorder avant que cette génération

encore sonné pour l'Italie. La main impatiente qui avancerait l'aiguille sur le cadran ne ferait pas marcher le temps plus vite ; elle ne marquerait pas l'heure, elle la fausserait. Qu'a gagné, en 1848, la cause de l'indépendance des peuples et de la liberté des citoyens, à demander prématurément à la Révolution ce qu'elle eût certainement obtenu de la Civilisation ? Qu'a-t-elle gagné à recourir ainsi à la force et à essayer du progrès par effraction ? L'expérience a coûté assez cher à la France et à l'Italie pour qu'elle leur serve.

IX.

Mais, après avoir rendu toute justice aux intentions, aux actes, à la modération de l'archiduc Maximilien, est-il vrai d'ajouter que « demander à l'Autriche d'appliquer à la Lombardie et à la Vénétie un régime plus doux et plus libéral, ce serait lui proposer un suicide, attendu que sa domination ne peut se maintenir dans la Haute-Italie que par la force, et que toute liberté qu'elle donnerait à ce pays conquis serait une arme dont il se servirait pour s'affranchir ? » (1) C'est là une

ne se passe, nous saurons nous soumettre à son jugement avec une résignation virile. Sous le poids de cette sentence, nous travaillerons avec une égale persévérance à l'œuvre de la régénération italienne, et nous descendrons dans la tombe, bénissant Dieu de nous avoir permis de la faire avancer d'un seul pas, et de quitter la terre où dorment nos pères, moins malheureuse qu'ils ne l'avaient laissée. »

MASSIMO D'AZEGLIO. *Programma per l'Opinione nationale.*

(1) L'EMPEREUR NAPOLÉON III ET L'ITALIE, p. 40.

politique de conjuré que nous avons toujours combattue quand il s'agissait de la France et de son gouvernement. A la place où nous la rencontrons, cette argumentation de pessimiste nous étonne, mais ne nous ébranle pas. Que l'argument tiré de la liberté donnée servant d'arme pour s'affranchir s'applique à l'Autriche ou qu'il s'applique à la France, qu'il s'applique aux Napolitains opprimés par une dynastie nationale, ou aux Lombards subjugués par une domination étrangère, différence dont nous tenons peu de compte, nous trouvons l'argument aussi faux à Milan qu'à Paris, à Venise qu'à Naples. Nous persisterons donc à demeurer fidèle à la politique du progrès et de la paix aussi longtemps qu'on ne nous en offrira pas une autre que la politique du désespoir et de la guerre.

Mais non, non, cent fois non, mille fois non ; il n'est pas vrai de dire qu'il n'y ait point pour l'Autriche d'autre moyen de conserver l'Italie qu'en fouettant les femmes, fusillant les hommes et écrasant d'impôts les populations. Si cela était vrai pour l'Italie, cela serait vrai pour la Hongrie, à la délivrance de laquelle il nous faudrait donc aussi courir. Puisqu'il s'est rencontré à Turin un grand ministre, est-il donc impossible qu'un jour, il s'en rencontre également un à Vienne, qui finisse par comprendre l'avantage qu'il y aurait à faire oublier l'Indépendance par la Liberté et la Conquête par l'Annexion ? L'Annexion a cet avantage qu'elle laisse à l'État annexé la forme de gouvernement et le mode d'administration qui lui sont propres. C'est un lien, ce n'est pas un joug. Rappelons-le : La Guerre ne tranche rien, la Liberté dénoue tout.

X.

La preuve que la guerre ne trancherait rien est dans les lignes qui suivent : « Nous posons en principe, sans crainte d'être démenti par aucun homme compétent, que toute l'Italie fût-elle révolutionnée depuis le golfe de Tarente jusqu'aux Alpes, l'armée autrichienne pourrait sans doute subir des échecs partiels, mais que, en fin de compte, il lui serait toujours facile de se rendre maîtresse de nouveau de la Péninsule... Si l'Italie est son champ de bataille, le Tyrol et les Alpes de la Carinthie sont ses véritables places d'armes (1). » Puisqu'il en est ainsi, a-t-on fait le compte des hommes, des chevaux et des canons que la Confédération, présidée par le pape, serait éternellement tenue de lever, d'équiper, d'instruire, de remonter, d'entretenir et de payer pour se mettre à l'abri, en toute circonstance critique, d'un retour offensif et d'une restauration armée de l'Autriche en Italie ? A-t-on prévu à quel rôle de sentinelle immobile au pied des Alpes ce danger de surprise probable condamnerait à perpétuité le gouvernement français, protecteur de fait, si ce n'est de nom, de la Confédération italienne ? Eloigner et diminuer de la sorte le péril dont on parle et avec lequel on vit paisiblement depuis dix ans, ne serait-ce pas l'attirer et l'agrandir ?

(1) L'EMPEREUR NAPOLÉON III ET L'ITALIE, p. 44.

XI.

Mais si c'est la guerre qu'on veut absolument, si on
la croit nécessaire à la France à titre de diversion
par l'extérieur, et à la dynastie à titre de consolidation
par la gloire ; si l'on juge que le moment est enfin venu
où il faut opter entre la liberté ou la guerre, et si l'on
persiste à penser que la guerre renferme moins de
périls, moins d'excès et cause moins de désastres que
la liberté, alors que ce soit une guerre qui vaille qu'on
l'entreprenne ; que ce soit une guerre qui rembourse
ce qu'elle coûtera; que ce soit une guerre qui venge Waterloo (1) ; que ce soit une guerre qui rende à la France
ses frontières perdues ; que ce soit une guerre qui
place l'Europe en équilibre sur elle-même, et substi-
tue un équilibre réel à un équilibre factice ; que ce soit
une guerre qui mette fin aux charges si pesantes de la
paix armée et la remplace par un autre mode d'assu-
rance moins dispendieux et moins précaire; que ce
soit une guerre qui s'éteigne dans l'esprit de récipro-
cité succédant à l'esprit de rivalité; que ce soit une

(1) Voyez le lion de Waterloo encore debout sur nos frontières; voyez notre drapeau, il ne flotte nulle part où nos armes
ont triomphé.   (1836. LOUIS-NAPOLÉON BONAPARTE.)

« En montant à bord, le prince dit au sous-préfet qui lui ex-
primait le désir de le revoir en France comme citoyen: « Je ne
» pourrais y revenir à ce titre que lorsque le lion de Waterloo
» ne sera plus debout sur la frontière. » (1840.)

guerre entreprise, non en vue d'une nationalité, mais en vue de l'unité, non au profit d'une nation et au détriment d'une autre, mais dans l'intérêt de tous les peuples; que ce soit une guerre logique ; que ce soit une guerre qui, si elle laisse après elle des vainqueurs et des vaincus, n'y laisse cependant ni oppresseurs ni opprimés ; que ce soit une guerre qui abolisse la féodalité des mers par la neutralité des détroits ; que ce soit une guerre à la suite de laquelle l'enrôlement volontaire doive désormais absolument suffire au recrutement de la carrière militaire ; que ce soit une guerre qui ait partout en Europe, pour résultat, la réduction de tous les effectifs, et conséquemment le dégrèvement de tous les contribuables ; que ce soit une guerre où la force se mette au service de l'idée ; que cette guerre, enfin, soit la dernière convulsion du vieux monde, expirant et faisant place au monde nouveau annoncé par le captif de Sainte-Hélène et le prisonnier de Ham !

Une telle guerre paraîtra gigantesque ; il ne serait pas impossible cependant qu'elle coûtât une effusion de sang moins grande et qu'elle durât moins de temps qu'une guerre inconséquente de la France contre l'Autriche, à la suite du Piémont. L'alliée naturelle et nécessaire de la France dans une telle guerre, ce serait la Russie. Il suffirait que l'accord établi entre les deux gouvernements fût indissoluble. Un troisième allié nuirait plutôt qu'il ne servirait. Mieux vaudrait avoir tout de suite contre soi l'Angleterre et la Prusse à l'état d'ennemis déclarés qu'à l'état de neutres embarrassants. Quant à l'Autriche, empire

sans homogénéité, il n'y aurait plus lieu de s'en occu-
per. Ce serait un faisceau qui se romprait de lui-
même. Dans ce partage de l'Europe en deux empires :
l'empire d'Occident et l'empire d'Orient, partage en-
trevu et annoncé dès 1834 par M. de Persigny (1), on
aurait contre soi les gouvernements qui y perdraient
leurs couronnes d'empereurs, de rois, ou de ducs, mais
on aurait pour soi les peuples, qui y gagneraient d'ê-
tre délivrés des barrières qui les enferment et des impôts qui les écrasent. Tout dépendrait des termes du
manifeste qui devrait précéder la guerre. Si ce manifeste, adressé à tous les peuples, était rédigé dans le sens
napoléonien d'une fusion de tous les grands intérêts
européens, et qu'il eût pour résultat de créer en Angleterre un mouvement d'opinion qui portât au ministère
Cobden et Bright, dans ce cas, peut-être même verrait-
on le faux équilibre de 1815 s'écrouler tout entier sous
son propre poids, avant qu'il ait été tiré un seul coup de
canon. Mais dans cette grande nuit d'un 4 août européen,
il faudrait que l'Angleterre, confiante dans sa supériorité industrielle, n'hésitât pas à donner l'exemple du
sacrifice ; fière de démanteler de ses propres mains Gibraltar, Malte, Corfou, Aden, Périm, ces points fortifiés
dont elle s'est abusivement emparée et qui sont la violation en droit et en fait du principe de la liberté des
mers et de la neutralité des détroits ; heureuse de faire
triompher à ce prix sa doctrine du libre et universel
échange ; satisfaite de rester, commercialement, la
première puissance maritime du monde ! Ce serait
un grand exemple et un beau lot. Pourquoi l'Angleterre ne le donnerait-elle pas ? Pourquoi l'Angle-

(1) L'OCCIDENT FRANÇAIS. 1834. Paris, imprimerie de Paul
Dupont.

terre ne l'accepterait-elle point, puisqu'elle n'aurait rien à y perdre? D'un pays en possession de la liberté de la presse et du droit de réunion, on peut tout attendre, quand on a pour soi la raison, l'équité, l'évidence! Où seraient les périls? D'où viendraient les résistances (1)? Nous le demandons, le *Mémorial de Sainte-Hélène*, les *OEuvres de Louis-Napoléon Bonaparte* et l'*Occident français* ouverts sous nos yeux!

L'*Occident français*, où nous lisons :

« Dès 1800, la *sainte-alliance maritime*, que poursui-
» vait Napoléon, avait donné la mesure de ce qu'exé-
cute rait l'Empereur.

» Aussi bien l'idée napoléonienne, que de subtils
» écrivains ont faite guerrière et conquérante, d'in-
» dustrielle et commerciale qu'elle était en réalité,
» avait-elle pour objet immédiat le *libre et universel*
» *échange* des peuples.

(1) Qu'aurait de mieux à faire l'Angleterre aujourd'hui que de donner la main à ces beaux mouvements de la régénération moderne? Aussi bien faudra-t-il tôt ou tard qu'elle s'accomplisse. C'est en vain que les souverains et les vieilles aristocraties multiplieraient leurs efforts pour s'y opposer : c'est la roche de Sisyphe qu'ils tiennent élevée au-dessus de leurs têtes mais quelques bras se lasseront, et au premier défaut, tout leur croulera dessus.

« L'Angleterre et la France ont tenu dans leurs mains le sort de la terre, celui surtout de la civilisation européenne. Que de mal nous nous sommes fait! Que de bien nous pouvions nous faire!

» Avec l'école de Fox, nous nous serions entendus.... nous eussions accompli, maintenu l'émancipation des peuples, le règne des principes; il n'y eût eu en Europe qu'une seule flotte, qu'une seule armée ; nous aurions gouverné le monde, nous aurions fixé chez tous le repos et la prospérité ou par la force ou par la persuasion. »

NAPOLÉON. *Sainte-Hélène*, 20 avril 1816.

» Napoléon n'a pas plus tôt en son pouvoir le grand-
» duché de Varsovie, qu'il y proclame l'abolition de
» l'esclavage, l'égalité des droits, et place l'état des
» personnes sous la sauvegarde des tribunaux, dans
» une contrée qui touche la Russie, l'Autriche et la
» Prusse. Quand Jérôme vient se placer à la tête de
» la Westphalie, n'est-ce donc pas toute une révolu-
» tion sociale que la suppression des priviléges in-
» dustriels ou de corps, de tout servage, sous quelque
» dénomination que ce soit? que la transformation
» d'une noblesse qui ne donne ni droit exclusif à au-
» cun emploi, à aucune fonction ou dignité, ni ex-
» emption d'aucune charge publique? Or, c'est le
» progrès social, c'est l'égalité humaine par toute
» l'Europe, et non pas la liberté politique que pour-
» suit l'organisme impérial.

» Le temps n'est pas venu d'ordonner les formes
» politiques d'une société qui n'est encore qu'une
» idéalité de l'avenir. Dans l'état social de l'Europe
» actuelle, la liberté politique ne serait même qu'un
» puéril parlage, une précocité stupide. C'est sur la
» rénovation sociale de l'Europe que doit être établi
» son gouvernement politique. Force est bien d'at-
» tendre cette vie nouvelle des peuples pour en dé-
» duire les rapports organiques.

» Il est temps d'en finir avec la logomachie politi-
» que de ce temps-ci. Avant le progrès social et l'éga-
» lité humaine en Europe, il fallait faire l'unité euro-
» péenne ; il fallait que l'Occident fût français ! Et
» comment l'Europe serait-elle une sans la dictature
» et la conquête ? Comment l'Occident serait-il fran-
» çais sans le génie profondément unitaire du grand
» empereur, qui fait écrire par Berthier : *En général
» l'empereur veut que les Bavarois et les autres alliés*

» *soient traités comme les Français.* L'unité amenait
» ainsi l'égalité, et de l'égalité serait sortie la liberté
» de l'avenir.

» En 1815, Napoléon demandait vingt ans et deux
» millions d'hommes pour refaire le grand Empire
» détruit par l'invasion. Aujourd'hui, il suffirait de
» deux ans et de nos quatre cent mille hommes au
» pied de paix (1). »

Les *OEuvres de L.-N. Bonaparte*, où nous lisons :

« Lorsque le sort des armes eut rendu Napoléon
» maître de la plus grande partie du continent, il vou-
» lut faire servir ses conquêtes à l'établissement
» d'une CONFÉDÉRATION EUROPÉENNE.

» Prompt à saisir la tendance de la civilisation,
» l'empereur en accélérait la marche, en exécutant
» sur-le-champ ce qui n'était renfermé que dans les
» lointains décrets de la Providence. Son génie lui
» faisait prévoir que la rivalité qui divise les diffé-
» rentes nations de l'Europe disparaîtrait devant un
» intérêt général bien entendu.

» Plus le monde se perfectionne, plus les barrières
» qui divisent les hommes s'élargissent, plus il y a de
» pays que les mêmes intérêts tendent à réunir.

» Dans l'enfance des sociétés, l'état de nature exis-
» tait d'homme à homme ; puis, un intérêt commun
» réunit un petit nombre d'individus, qui renoncèrent
» à quelques-uns de leurs droits naturels, afin que la

(1) L'OCCIDENT FRANÇAIS, p. 79.

» société leur garantît l'entière jouissance de tous les
» autres. Alors se forma la tribu ou la peuplade, asso-
» ciation d'hommes où l'état de nature disparut et où
» la loi remplaça le droit du plus fort. Plus la civili-
» sation a fait de progrès, plus cette transformation
» s'est opérée sur une grande échelle. On se battait
» d'abord de porte à porte, de colline à colline ; puis,
» l'esprit de conquête et l'esprit de défense ont formé
» des villes, des provinces, des Etats, et, un danger
» commun ayant réuni une grande partie de ces frac-
» tions territoriales, les nations se formèrent. Alors,
» l'intérêt national embrassant tous les intérêts lo-
» caux et provinciaux, on ne se battit plus que de
» peuple à peuple, et chaque peuple, à son tour, s'est
» promené triomphant sur le territoire de son voisin,
» lorsqu'il a eu un grand homme à sa tête et une
» grande cause derrière lui. La commune, la ville, la
» province, ont donc, l'une après l'autre, agrandi leur
» sphère sociale et reculé les limites du cercle au-
» delà duquel existe le droit de nature. Cette trans-
» formation s'est arrêtée à la frontière de chaque
» pays, et c'est encore la force, et non le droit, qui
» décide du sort des peuples.

» Remplacer entre les nations de l'Europe l'état de
» nature par l'état social, telle était donc la pensée de
» l'Empereur ; toutes ses combinaisons tendaient à
» cet immense résultat ; mais, pour y arriver, *il fallait*
» *amener l'Angleterre et la Russie à seconder franche-*
» *ment ses vues.*

» Tant qu'on se battra en Europe, dit Napoléon,
» cela sera une guerre civile.

« La sainte alliance est une idée qu'on m'a volée, »
» c'est-à-dire la sainte-alliance des peuples et non
» celle des rois contre les peuples : là est l'immense

» différence entre son idée et la manière dont on l'a
» réalisée.

» Napoléon avait déplacé les souverains dans l'in-
» térêt momentané des peuples ; en 1815, on déplaça
» les peuples dans l'intérêt particulier des souve-
» rains. Les hommes d'État de cette époque, ne con-
» sultant que des rancunes ou des passions, basèrent
» un équilibre européen sur les rivalités des grandes
» puissances, au lieu de l'asseoir sur des intérêts gé-
» néraux ; aussi leur système s'est écroulé de toutes
» parts.

» La politique de l'Empereur, au contraire, consis-
» tait à fonder une association européenne solide, en
» faisant reposer son système sur des intérêts géné
» raux satisfaits. Si la fortune ne l'eût pas abandonné,
» il aurait eu dans ses mains tous les moyens de con-
» stituer l'Europe ; il avait gardé en réserve des pays
» entiers dont il pourrait disposer pour atteindre son
» but. Hollandais, Romains, Piémontais, habitants de
» Brême et de Hambourg, vous qui avez été étonnés
» de vous trouver Français, vous rentriez dans l'at-
» mosphère de nationalité qui convient à vos antécé-
» dents et à votre position ; et la France, en cédant
» les droits que la victoire lui avait donnés sur vous,
» agira encore dans son propre intérêt ; car son inté-
» rêt ne peut se séparer de celui des peuples civi-
» lisés. Pour cimenter l'association européenne, l'Em-
» pereur, suivant ses propres paroles, eût fait adopter
» un Code européen, une cour de cassation euro-
» péenne, redressant pour tous les erreurs, comme la
» cour de cassation en France redresse les erreurs de
» ses tribunaux. Il eût fondé un Institut européen
» pour animer et coordonner toutes les associations
» savantes en Europe ; l'uniformité des monnaies, des

» poids, des mesures, l'uniformité de la législation,
» eussent été obtenues par sa puissante intervention.

» La dernière grande transformation eût donc été
» accomplie pour notre continent, et, de même que
» dans le principe les intérêts communaux s'étaient
» élevés au-dessus des intérêts individuels, puis les
» intérêts de cité au-dessus des intérêts de commu-
» nes, les intérêts de province au-dessus des intérêts
» de cité, enfin les intérêts de nation au-dessus des
» intérêts de province ; de même aussi les *intérêts*
» *européens auraient dominé les intérêts nationaux ;*
» et l'humanité eût été satisfaite ; car *la Providence n'a*
» *pu vouloir qu'une nation ne fût heureuse qu'aux dé-*
» *pens des autres, et qu'il n'y eût en Europe que des*
» *vainqueurs et des vaincus, et non des membres récon-*
» *ciliés d'une même et grande famille.*

» L'Europe napoléonienne fondée, l'Empire eût
» procédé en France aux établissements de paix. Il
» eût consolidé la liberté ; il n'avait qu'à détendre les
» fils du réseau qu'il avait formé.

» On parle de combats éternels, de luttes intermi-
» nables, et cependant il serait facile aux souverains
» de consolider la paix pour toujours : qu'ils consul-
» tent les rapports et les mœurs des diverses nations
» entre elles, qu'ils leur donnent leur nationalité et
» les institutions qu'elles réclament, et ils auront
» trouvé la vraie balance politique. Alors tous les
» peuples seront frères et ils s'embrasseront à la face
» de la tyrannie détrônée, de la terre consolée et de
» l'humanité satisfaite.

» France de Henri IV, de Louis XIV, de Carnot, de
» Napoléon, toi qui fus toujours pour l'occident de
» l'Europe la source des progrès, toi qui possède les
» deux soutiens des empires, le génie des arts paci-

» tiques et le génie de la guerre, n'as-tu plus de mis-
» sion à remplir ? Épuiseras-tu tes forces et ton éner-
» gie à lutter sans cesse avec tes propres enfants ?
» Non, telle ne peut être ta destinée ; bientôt vien-
» dra le jour où, pour te gouverner, il faudra com-
» prendre que ton rôle est de mettre dans tous les
» traités ton épée de Brennus en faveur de la civili-
» sation.

» Asseoir la paix, ce n'est pas maintenir pendant
» quelques années une tranquillité factice, c'est tra-
» vailler à faire disparaître des haines entre nations
» en favorisant les intérêts, les tendances de chaque
» peuple ; c'est créer un équilibre équitable parmi les
» grandes puissances ; c'est, en un mot, suivre la po-
» litique de Henri IV, et non la marche désastreuse
» des Stuarts et de Louis XV.

» Ouvrez les mémoires de Sully, et voyez quelles
» étaient les grandes pensées de l'homme qui avait
» pacifié la France et fondé la liberté religieuse. Pour
» établir solidement l'équilibre européen, Henri IV
» prévoyait qu'il fallait que toutes les nations fussent
» égales en puissance et qu'aucune ne dominât les
» autres par sa prépondérance ; il prévoyait que, pour
» les peuples comme pour les individus, l'égalité seule
» est la source de toute justice. Henri IV avait amené
» la plus grande partie de l'Europe à le seconder dans
» ses vues humanitaires, et, lorsque le fer d'un lâche
» assassin vint trancher des jours si précieux, il ras-
» semblait une *immense armée, composée de contin-*
» *gents européens, se proposant pour but, non une con-*
» *quête stérile, mais la paix universelle.* Il allait forcer
» l'Espagne à reconnaître l'égalité et l'indépendance
» des nations, et il eût établi une espèce d'aréopage
» destiné à vider, par la raison et non par la force

» brutale, les querelles de peuple à peuple (1). »

Le *Mémorial de Sainte-Hélène* où nous lisons :

« La France est, par sa situation géographique, la
» richesse de son sol et l'énergie intelligente de ses
» habitants, *l'arbitre de la société européenne*; elle
» sort du rôle que la nature lui assigne lorsqu'elle de-
» vient conquérante; elle en descend lorsqu'elle
» obéit aux obligations d'une alliance quelconque.
» Elle est aux nations de l'Europe ce qu'est le lion
» aux êtres qui l'entourent. Elle ne peut se mouvoir
» sans être protectrice ou destructive; elle prête l'ap-
» pui de sa force, mais elle ne l'échange jamais, dans
» son propre intérêt, contre un secours qui lui soit
» nécessaire pour sa défense. Sa propre force lui
» suffit toujours, lors même qu'elle se trouve momen-
» tanément affaiblie par la maladie des nations, les
» divisions intestines ; car il ne lui faut qu'un effort
» convulsif pour punir les ennemis d'avoir osé l'ap-
» peler au combat.
» En 1793, toute l'Europe était coalisée contre la
» France. Cent mille Vendéens, soudoyés par l'Angle-
» terre, menaçaient Paris; un million trois cent mille
» Français se firent soldats par amour pour la patrie,
» et non pas, comme on a pu se le dire, pour fuir la
» hache des licteurs d'un Robespierre ou d'un Cou-
» thon. La coalition fut vaincue, condamnée à recon-
» naître la République.
» Ce que la France fit alors, elle pouvait le faire en
» 1814 et 1815 ; son épuisement comparatif était plus

(1) ŒUVRES DE L.-N. BONAPARTE. T. III, p. 117.

» que compensé par les avantages de son union, de
» son obéissance à un seul ordre ; ni l'occupation de
» Paris, ni la bataille de Waterloo, ne la condam-
» naient à passer sous les fourches caudines. Le gé-
» néral Bonaparte l'aurait sauvée, l'Empereur la per-
» dit en abdiquant.

» Quand on a l'honneur et le bonheur, tout à la fois,
» d'être la France, il faut comprendre toute la portée
» de cette position de faveur et de *nation-soleil* que
» l'on est, ne point se transformer en *nation-satellite*.

» L'Angleterre, toute-puissante qu'elle est, ne peut
» intervenir seule dans les affaires du continent avec
» toute l'importance du premier rôle ; il lui faut, de
» toute nécessité, s'appuyer sur Vienne, Paris ou
» Saint-Pétersbourg. »

« L'Europe ne formera bientôt plus que deux partis
» ennemis : ON NE S'Y DIVISERA PLUS PAR PEUPLES ET
» PAR TERRITOIRES, MAIS PAR COULEUR ET PAR OPINION.
» Et qui peut dire les crises, la durée, les détails de
» tant d'orages ! Car l'issue n'en saurait être douteuse,
» les lumières et le siècle ne rétrograderont pas ! Quel
» malheur que ma chute ! J'avais renfermé l'outre des
» vents, les baïonnettes ennemies l'ont déchirée. Je
» pouvais marcher paisiblement à la *régénération uni-*
» *verselle* : elle ne s'exécutera désormais qu'au travers
» des tempêtes ! J'amalgamais, peut-être extirpera-
» t-on. »

Sainte-Hélène, 13 avril 1816.

« Dans cette immense lutte du présent contre le
» passé, je suis l'arbitre et le *médiateur naturel* : j'avais
» aspiré à en être le juge suprême ; toute mon admi-
» nistration au dedans, toute ma diplomatie au de-
» hors, roulaient vers ce grand but. L'issue eût été

» plus facile et plus prompte, mais le destin en a or-
» donné autrement. Enfin, la dernière chance, et ce
» pourrait être la plus probable, ce serait le besoin
» qu'on aurait de moi contre les Russes ; *car dans l'é-*
» *tat actuel des choses, avant dix ans toute l'Europe*
» *peut être cosaque ou toute en république...* »

Sainte-Hélène, 18 avril 1816.

« Je voulais préparer *la fusion des grands intérêts*
» *européens,* ainsi que j'avais opéré celle des partis au
» milieu de nous. J'ambitionnais d'arbitrer un jour la
» grande cause des peuples et des rois ; il me fallait
» donc me créer des titres auprès des rois, me rendre
» populaire au milieu d'eux. Il est vrai que ça ne pou-
» vait être sans perdre auprès des peuples ; je le sen-
» tais bien, mais j'étais tout-puissant et peu timide ;
» je m'inquiétais peu des murmures passagers des
» peuples, bien sûr que le résultat devait me les ra-
» mener infailliblement. »

Sainte-Hélène, 28 avril 1816.

« Et, après tout, à quoi bon ? — Je réponds : à fonder
» une nouvelle société et à éviter de grands malheurs.
» L'Europe attend, sollicite ce bienfait ; le vieux sys-
» tème est à bout, et le nouveau n'est point assis et ne
» le sera pas sans de longues et furieuses convulsions
» encore. »

Sainte-Hélène, 6 novembre 1816.

« J'allais me donner uniquement à l'administration
» de la France, et je crois que j'eusse enfanté des
» prodiges. Je n'eusse rien perdu du côté de la gloire,
» mais beaucoup gagné du côté des jouissances ;

» j'eusse fait la CONQUÊTE MORALE de l'Europe, comme
» j'ai été sur le point de l'accomplir par les armes. De
» quel lustre on m'a privé !

» Une de mes plus grandes pensées avait été l'ag-
» glomération, la concentration des mêmes peuples
» géographiques qu'ont dissous, morcelés, les révo-
» lutions et la politique. Ainsi l'on compte en Europe,
» bien qu'épars, plus de trente millions de Français,
» quinze millions d'Espagnols, quinze millions d'Ita-
» liens, trente millions d'Allemands ; j'eusse voulu faire
» de chacun de ces peuples un seul et même corps de
» nation. C'est avec un tel cortége qu'il eût été beau
» de s'avancer dans la postérité et la bénédiction des
» siècles. Je me sentais digne de cette gloire !

» Après cette simplification sommaire, il eût été
» plus possible de se livrer à la chimère du beau idéal
» de la civilisation : c'est dans cet état de choses qu'on
» eût trouvé plus de chances d'amener partout l'unité
» des codes, celle des principes, des opinions, des
» sentiments, des vues et des intérêts. Alors peut-être,
» à la faveur des lumières universellement répandues,
» devenait-il permis de rêver, pour la *grande famille*
» *européenne, l'application du Congrès américain ou*
» *celle des* AMPHICTYONS *de la Grèce ;* et quelle perspec-
» tive alors de force, de grandeur, de jouissances, de
» prospérité ! Quel grand et magnifique spectacle !

» ... Quoi qu'il en soit, cette agglomération arrivera
» tôt ou tard par la force des choses ; l'impulsion est
» donnée, et je ne pense pas qu'après ma chute et la
» disparition de mon système *il y ait en Europe d'au-*
» *tre grand équilibre possible que l'agglomération et la*
» CONFÉDÉRATION DES GRANDS PEUPLES. *Le premier*
» *souverain qui, au milieu de la grande mêlée, embras-*
» *sera de bonne foi la* CAUSE DES PEUPLES, *se trouvera*

» *à la tête de toute l'Europe et pourra tenter tout ce qu'il*
» *voudra.* »

Sainte Hélène, 11 novembre 1816.

« J'eusse voulu pour toute l'Europe l'uniformité
» des monnaies, des poids, des mesures, l'uniformité
» de législation. Pourquoi mon code Napoléon n'eût-
» il pas servi de base à un code européen et mon
» université impériale à une université européenne ?
» *De la sorte, nous n'eussions réellement composé en*
» *Europe qu'une seule et même famille.* Chacun en
» voyageant n'eût pas cessé de se trouver chez lui. »

Sainte-Hélène, 14 novembre 1816.

Mais abrégeons les citations pour revenir à ce second terme de la question : Le moment est-il impérieusement arrivé où il soit nécessaire de faire au
marasme intérieur une diversion extérieure, et de
sortir de la politique de Louis-Philippe pour entrer
enfin dans la politique de Louis-Napoléon ?

Si l'on répond que ce moment est impérieusement
arrivé, alors il n'y a point à hésiter entre ce qu'on
nomme, en 1859, l'*Idée italienne*, et ce qu'on avait appelé, en 1840, l'*Idée napoléonienne*.

XII.

Si l'alternative est étroitement posée entre la Liberté ou la Gloire, guerre pour guerre mieux vaut une guerre générale conduisant à la paix universelle, qu'une guerre partielle ne sortant jamais de la paix armée que pour y revenir toujours.

Dans cet ordre d'idées qui consiste à demander à la gloire, qui est la science de la guerre, ce que la liberté, qui est la science de la paix pourrait donner, plus on agrandira le champ de bataille et plus on diminuera le péril, toujours à la condition expressément entendue que la France et la Russie, arborant le drapeau de la nouvelle sainte-alliance, *la sainte-alliance des peuples*, seraient indissolublement unies, et que les deux empereurs Alexandre II et Napoléon III marcheraient du même pas au même but : l'unité européenne.

Que faut-il à la France ? — Il faut à la France ce qui lui manque : une extension territoriale qui rétablisse, de son côté, l'équilibre détruit par les traités de 1815. La France est fondée à la réclamer, car la France est la seule grande puissance de l'Europe qui soit restée au-dessous de ses limites de 1740, tandis que l'Angleterre, l'Autriche, la Prusse, la Russie se sont considérablement accrues depuis cette époque. Si la

France a gagné : en *Europe*, dans l'année 1768, la Corse ; dans l'année 1790, Avignon et Mulhouse ; — en *Afrique*, dans l'année 1830, l'Algérie (plutôt achetée que conquise, ce qu'on pourrait prouver budgets en mains) ; elle a perdu : en *Europe*, au nord, toute une ligne de forteresses : Sarrelouis, Landau, Philippe-ville, Courtray, Tournay, etc., par les traités de 1815 ; au sud, Minorque ; — en *Asie*, toutes ses importantes colonies de l'Inde ; — en *Afrique*, Madagascar, l'île de France, l'île Rodrigue ; en *Amérique*, l'Acadie, le Canada, le cap Breton, les rives du Saint-Laurent, la plupart des Antilles, la Dominique, Saint-Vincent, la Grenade , Sainte-Lucie , Tabago , Saint-Eustache et Saint-Domingue

Que faut-il à la Russie, qui, depuis 1740, n'a rien per-du et a gagné : *En Europe*, sur la Suède : la Finlande, Abo, Wiburg, l'Esthonie, la Livonie, Riga, Revel, une partie de la Laponie ; sur l'Allemagne, la Courlande, la Samogitie ; sur la Pologne, la Lithuanie, la Volhy-nie, une partie de la Gallicie, la Pologne proprement dite (Mokilew, Vitepsk, Polotsk, Minsk, Byalistock, Kaminietz, Tarnopol, Wilna, Grodninsk, Varsovie) ; sur la Turquie, une partie de la petite Tartarie, la Cri-mée, la Bessarabie, le littoral de la mer Noire ; *en Asie*, sur la Perse : la Géorgie, Tiflis, Erivan, la Circassie ; *en Amérique*, les îles Aléoutiennes, la partie nord-ouest du continent septentrional et l'archipel Saint-Lazare ?

— Il faut à la Russie ce qui lui manque : non une extension de territoire (car elle a plus de territoires qu'elle n'en peut équitablement gouverner, convena-blement administrer, mettre en pleine culture et en toute valeur par des moyens suffisants de transport et de communication) ; non la possession manuelle de la ville de Constantinople, mais le libre passage toujours assuré, par le détroit des Dardanelles, de la mer Noire dans la Méditerranée, la mer Rouge et la mer des Indes, sans crainte d'y être jamais arrêtée par l'Angleterre au passage de Gibraltar, d'Aden et de Périm. On aura beau chercher des solutions à ce qu'on a appelé LA QUESTION D'ORIENT : toute autre solution que la neutralisation des détroits ne sera jamais qu'un expédient impuissant et dangereux.

Si le Rhin manque à la France, moins encore comme frontière naturelle qu'à cause des immenses richesses en combustible minéral qu'elle acquerrait en s'étendant jusqu'à la rive gauche, la Méditerranée manque bien plus encore à la Russie ; lui en faciliter, lui en assurer le libre parcours, ce ne serait point, de la part de la France, s'affaiblir; au contraire! ce serait jeter dans la balance maritime où l'Angleterre pèse un trop grand poids, ce serait y jeter un contre-poids considérable, un contre-poids nécessaire qui profiterait à la fois et à notre industrie et à notre commerce. De plus, ce serait écarter un risque qu'on ne saurait prévoir de trop loin : le risque qu'une complication intérieure ou extérieure liant les mains de la France, la Russie, toujours aux aguets, s'empressât d'en profiter pour s'emparer par la force ou par la ruse de la clé des Dardanelles, comme l'Angleterre s'est emparée des clés de Gibraltar et d'Aden, lequel cas échéant, la France perdrait une occasion précieuse qui ne se retrouverait plus.

Présentement, une alliance de la France avec la Russie serait facile à conclure en ces termes infiniment simples : à la France le partage du Rhin, à la Russie le partage de la Méditerranée.

Comme on le voit, les deux questions se lient indissolublement : la question territoriale qui importe à la France et la question maritime qui importe à la Russie.

Mais que parlons-nous de la France et de la Russie? Cette alliance, dans laquelle les deux pays trouveraient ainsi chacun leur compte, serait l'affranchissement maritime de toute l'Europe continentale, de toute l'Europe vassale sur mer de l'Angleterre suzeraine! Ce serait, par le désarmement et la neutralisation de tous les détroits, le règne équitable de *l'égalité des mers* remplaçant le régime suranné de la *féodalité des mers!* L'égalité des mers, c'est la paix avec ses progrès ; la féodalité des mers, c'est la guerre avec ses désastres. La féodalité territoriale a disparu ; la féodalité maritime ne doit pas lui survivre.

« *Qui a la mer a tout,* » disait Thémistocle.

« *Consilium Pompeï plane Themistoclum est ; putet* » *enim qui mari potitur eum rerum potiri,* » écrivait Cicéron à Atticus.

« *Celui qui se rend maître sur mer va à la monar-* » *chie universelle par le plus court chemin. La véritable* » *grandeur de la Grande-Bretagne exige que le gouver-* » *nement soit maître de la mer ,* » avouait Bacon.

« *Il semble que la nature ait voulu offrir l'empire* » *des mers à la France, par l'avantageuse situation de* » *ses côtes, également pourvues d'excellents ports aux* » *deux mers Océane et Méditerranée,* » dictait dans son testament politique le cardinal de Richelieu.

« *Nous devons nous rabattre désormais sur la libre*

» *navigation des mers et l'entière liberté d'un échange*
» *universel*, » déclarait le 12 juin 1816, à Sainte-Hélène, l'empereur Napoléon Ier.

Si absolue que soit notre conviction que toute question qui peut se trancher par la guerre peut se dé-
nouer par la liberté, en y mettant, s'il le faut, un peu
plus de temps, nous comprendrions cependant que
le dépositaire et l'héritier de la pensée de Sainte-
Hélène (1), croyant à la nécessité d'imprimer aux es-
prits une forte diversion, voulût que la restitution à
la France de la rive gauche du Rhin, combinée avec la
liberté de la mer donnée à la Russie, ajoutât une im-
périssable page à l'histoire de la dynastie napoléonienne, histoire où rien n'a encore effacé le désastre
de Waterloo et la trahison du *Bellérophon*; nous comprendrions qu'il voulût replacer la France dans la
situation qu'elle avait en 1807, époque de l'entrevue à
Tilsitt de l'empereur Napoléon Ier et de l'empereur
Alexandre Ier; nous comprendrions enfin qu'il voulût
donner à l'entrevue qui a eu lieu à Stuttgardt en août
1857, entre l'empereur Napoléon III et l'empereur
Alexandre II, le dénouement qui lui manque; mais
ce que nous ne comprendrions pas, ce que nous ne
saurions comprendre, ce serait que la France perdît sa
poudre à tirer sur l'Autriche, au lieu de s'en servir à
tirer sur l'Angleterre et sur la Prusse; ce serait que
la France entreprît une guerre qui laisserait subsister contre nous les traités de 1815 et où nous tour-
nerions les talons au lion de Waterloo.

(1) « J'ai voué mon existence à l'accomplissement d'une grande
mission. Du rocher de Sainte-Hélène, un regard du soleil mou-
rant a passé sur mon âme; je saurai garder ce feu sacré; je
saurai vaincre ou mourir pour la cause des peuples.

» L.-N. BONAPARTE.

XIII.

Ou la guerre est offensive ;

Ou la guerre est défensive ;

Ou elle n'est ni offensive ni défensive, dans lequel cas, elle est une intervention armée. Or, il est sans exemple qu'une intervention armée ait jamais atteint son but et n'ait pas toujours été une faute.

Si elle est défensive, elle se justifie par la légitimité.

Si elle est offensive, elle s'absout par la victoire.

La victoire sans conquêtes est un contresens.

S'agit-il de s'immiscer dans les affaires des Romains ; de placer, malgré le souvenir de l'Assemblée de Lugano, en 1848, les Lombards sous le gouvernement piémontais ; enfin, de faire présider par le pape une confédération italienne ? — Nous disons : La Paix.

S'agit-il de prendre sa revanche de Waterloo ; de restituer la rive gauche du Rhin à la France ; de donner à la Russie la liberté de la mer, afin de l'empêcher de s'emparer de la clé des Dardanelles ; de réaliser le programme de Sainte-Hélène et de Ham ; enfin, de fonder la grande association européenne ? — Nous disons : La Guerre.

Ou la Guerre avec ses conquêtes, ou la Paix avec ses progrès !

FIN.

www.ingramcontent.com/pod-product-compliance
Lightning Source LLC
Chambersburg PA
CBHW051720050726
47598CB00003B/981